श्री ललिता सहस्त्रनाम स्तोत्रम्

महर्षि वेदव्यास कृत

चित्रांकन: सुजाता साहा

प्रकाशक: डिवाइनभार

ISBN : 978-93-5592-919-8

चित्रांकन: सुजाता साहा

प्रकाशक: डिवाइनभारत

www.divinebharat.co

विषय-सूची

भूमिका

ललिता सहस्रनाम स्तोत्र देवी ललिता – परम करुणामयी और समस्त सृष्टि की जननी – के हजार पवित्र नामों का स्तुति-ग्रंथ है। इसकी उत्पत्ति प्राचीन ग्रंथों में वर्णित है, विशेषकर ललितोपाख्यान में, जहाँ महर्षि अगस्त्य और हयग्रीव अवतार का दिव्य संवाद मिलता है। तीर्थयात्राओं के दौरान लोगों की अज्ञान-स्थिति को देखकर अगस्त्य अत्यंत व्याकुल हुए और समाज के कल्याण हेतु कोई श्रेष्ठ मार्ग जानना चाहा। तब भगवान विष्णु ने उपासना के परम साधन के रूप में देवी-भक्ति का रहस्य उन्हें बताया।

श्रीहरि ने समझाया कि यद्यपि वे स्वयं आदिशक्ति और सृष्टि के मूल कारण हैं, परंतु मुक्तिदायिनी कृपा देवी के माध्यम से ही प्राप्त होती है। हयग्रीव ने भी इस सत्य की पुष्टि करते हुए कहा कि देवी ललिता नित्य, सर्वव्यापी और जगत की आधारभूत शक्ति हैं। वे प्रत्येक जीव के हृदय में विद्यमान आत्मतत्त्व हैं। उनकी आराधना — चाहे सहस्रनाम, त्रिशती अथवा अष्टोत्तर नामों के जप द्वारा हो, या फिर श्रीचक्र-ध्यान जैसे साधना-मार्गों द्वारा — साधक के चेतना-क्षेत्र को प्रकाशपूर्ण बना देती है।

भक्ति परंपराओं से प्रेरित यह पुस्तक **ललिता सहस्रनाम स्तोत्र** को सरल और सुगम अंग्रेज़ी लिपि में प्रस्तुत करती है। यह न केवल ध्यान-साधना का साधन है, बल्कि इस ग्रंथ में निहित गूढ़ प्रतीकों को समझने का एक मार्ग भी है — जैसे सुप्त कुण्डलिनी-शक्ति का जागरण, तथा आंतरिक चक्रों का संतुलन और विस्तार।

चाहे आप आध्यात्मिक अनुभूति की खोज में एक साधक हों या समर्पित उपासक — यह ग्रंथ आपको आत्मिक ऊर्जा, शांति और माँ ललिता की कृपा से हृदय को भरने की दिशा में मार्गदर्शन प्रदान करेगा।

ललिता त्रिपुरा सुंदरी

ललिता त्रिपुरा सुंदरी की उपासना **श्रीविद्या साधना** के माध्यम से की जाती है, जो तीन दिव्य रूपों में प्रकट होती है—

- **स्थूल रूप**
- **सूक्ष्म रूप**
- **परा रूप**

देवी का **स्थूल रूप** जीवन के **चार पुरुषार्थों**—धर्म, अर्थ, काम और मोक्ष—का प्रतीक है। यह साधक को भौतिक जीवन को आध्यात्मिक लक्ष्य के साथ संतुलित करने की प्रेरणा देता है।

देवी का **सूक्ष्म रूप**, **श्री यंत्र**, एक अद्भुत रहस्यमयी ज्यामितीय मंडल है। यह भीतर के चेतना-लोक का मानचित्र है, जो ध्यान के माध्यम से साधक का अंतर्मुखी जागरण करता है और आध्यात्मिक पथ को प्रकाशमय बनाता है।

देवी का **परा रूप मंत्र** है — दिव्य कंपन का सर्वोच्च रूप। मंत्र-जप से अहंकार क्षीण होता है, मन निर्मल होता है और **अद्वैत** — अर्थात् एकत्व — का सत्य अनुभव होता है।

पूजा — ललिता की विधिपूर्वक उपासना — केवल कर्मकांड नहीं है, बल्कि बहुआयामी आध्यात्मिक साधना है। इसमें शामिल हैं —

- दैनिक पूजन और नित्य-अनुष्ठान
- सन्ध्या-वन्दन और संधिकाल-उपासना
- उद्देश्यमूलक (आवश्यकताओं हेतु) अनुष्ठान
- पर्व-त्योहारों में विशेष पूजा
- सामूहिक उपासना और समारोह

इन सभी प्रयत्नों से साधक का देवी से संबंध और अधिक सुदृढ़ होता जाता है।

आखिर में, **श्रीविद्या साधना** एक पूर्ण और रूपांतरणकारी मार्ग है — जो शरीर, मन और आत्मा का समन्वय करता है। **अनुष्ठान, मंत्र-जाप और ध्यान** के द्वारा साधक को आत्मबोध और अंतःस्थित दिव्यता के साक्षात्कार की दिशा में अग्रसर किया जाता है।

ललिता त्रिपुरा सुंदरी की दिव्य कृपा एक परम सत्य प्रकट करती है —
देवी कहीं बाहर नहीं, वह हमारे हृदय में सदैव विद्यमान है; केवल जागृति की प्रतीक्षा में।

श्रीललितासहस्रनामस्तोत्रम्

॥ न्यासः ॥

अस्य श्रीललितासहस्रनामस्तोत्रमालामन्त्रस्य ।
वशिन्यादिवाग्देवता ऋषयः ।
अनुष्टुप्छन्दः ।
श्रीललितापरमेश्वरी देवता ।
श्रीमद्वाग्भवकूटेति बीजम् ।
मध्यकूटेति शक्तिः ।
शक्तिकूटेति कीलकम् ।
श्रीललितामहात्रिपुरसुन्दरी-प्रसादसिद्धिद्वारा
चिन्तितफलावाप्त्यर्थे जपे विनियोगः ।

॥ ध्यानम् ॥

सिन्दूरारुणविग्रहां त्रिनयनां माणिक्यमौलिस्फुरत्
तारानायकशेखरां स्मितमुखीमापीनवक्षोरुहाम् ।
पाणिभ्यामलिपूर्णरत्नचषकं रक्तोत्पलं बिभ्रतीं
सौम्यां रत्नघटस्थरक्तचरणां ध्यायेत्परामम्बिकाम् ॥
अरुणां करुणातरङ्गिताक्षीं धृतपाशाङ्कुशपुष्पबाणचापाम्
अणिमादिभिरावृतां मयुखैः अहमित्येव विभावये भवानीम् ॥

ध्यायेत्पद्मासनस्थां विकसितवदनां पद्मपत्रायताक्षीं
हेमाभां पीतवस्त्रां करकलितलसद्धेमपद्मां वराङ्गीम् ।
सर्वालङ्कारयुक्तां सततमभयदां भक्तनम्रां भवानीं
श्रीविद्यां शान्तमूर्तिं सकलसुरनुतां सर्वसम्पत्प्रदात्रीम् ॥

सकुङ्कुमविलेपनामलिकचुम्बिकस्तूरिकां
समन्दहसितेक्षणां सशरचापपाशाङ्कुशाम् ।
अशेषजनमोहिनीमरुणमाल्यभूषाम्बरां
जपाकुसुमभासुरां जपविधौ स्मरेदम्बिकाम् ॥

॥ अथ श्रीललितासहस्रनामस्तोत्रम् ॥

ॐ श्रीमाता श्रीमहाराज्ञी श्रीमत्-सिंहासनेश्वरी ।
चिदग्नि-कुण्ड-सम्भूता देवकार्य-समुद्यता ॥ १॥
उद्यद्भानु-सहस्राभा चतुर्बाहु-समन्विता ।
रागस्वरूप-पाशाढ्या क्रोधाकाराङ्कुशोज्ज्वला ॥ २॥
मनोरूपेक्षु-कोदण्डा पञ्चतन्मात्र-सायका ।
निजारुण-प्रभापूर-मज्जद्ब्रह्माण्ड-मण्डला ॥ ३॥
चम्पकाशोक-पुन्नाग-सौगन्धिक-लसत्कचा ।

कुरुविन्दमणि-श्रेणी-कनत्कोटीर-मण्डिता ॥ ४॥

अष्टमीचन्द्र-विभ्राज-दलिकस्थल-शोभिता ।

मुखचन्द्र-कलङ्काभ-मृगनाभि-विशेषका ॥ ५॥

वदनस्मर-माङ्गल्य-गृहतोरण-चिल्लिका ।

वक्त्रलक्ष्मी-परीवाह-चलन्मीनाभ-लोचना ॥ ६॥

नवचम्पक-पुष्पाभ-नासादण्ड-विराजिता ।

ताराकान्ति-तिरस्कारि-नासाभरण-भासुरा ॥ ७॥

कदम्बमञ्जरी-क्लृप्त-कर्णपूर-मनोहरा ।

ताटङ्क-युगली-भूत-तपनोडुप-मण्डला ॥ ८॥

पद्मराग-शिलादर्श-परिभावि-कपोलभूः ।

नवविद्रुम-बिम्बश्री-न्यक्कारि-रदनच्छदा ॥ ९॥

var. दशनच्छदा

शुद्ध-विद्याङ्कुराकार-द्विजपङ्क्ति-द्वयोज्ज्वला ।

कर्पूर-वीटिकामोद-समाकर्षि-दिगन्तरा ॥ १०॥

निज-सल्लाप-माधुर्य-विनिर्भर्त्सित-कच्छपी ।

var. निज-संलाप

मन्दस्मित-प्रभापूर-मज्जत्कामेश-मानसा ॥ ११॥

अनाकलित-सादृश्य-चिबुकश्री-विराजिता ।

var. चुबुकश्री

कामेश-बद्ध-माङ्गल्य-सूत्र-शोभित-कन्धरा ॥ १२॥

कनकाङ्गद-केयूर-कमनीय-भुजान्विता ।

रत्नग्रैवेय-चिन्ताक-लोल-मुक्ता-फलान्विता ॥ १३॥

कामेश्वर-प्रेमरत्न-मणि-प्रतिपण-स्तनी ।

नाभ्यालवाल-रोमालि-लता-फल-कुचद्वयी ॥ १४॥

लक्ष्यरोम-लताधारता-समुन्नेय-मध्यमा ।

स्तनभार-दलन्मध्य-पट्टबन्ध-वलित्रया ॥ १५॥

अरुणारुण-कौसुम्भ-वस्त्र-भास्वत्-कटीतटी ।

रत्न-किङ्किणिका-रम्य-रशना-दाम-भूषिता ॥ १६॥

कामेश-ज्ञात-सौभाग्य-मार्दवोरु-द्वयान्विता ।

माणिक्य-मुकुटाकार-जानुद्वय-विराजिता ॥ १७॥

इन्द्रगोप-परिक्षिप्त-स्मरतूणाभ-जङ्घिका ।

गूढगुल्फा कूर्मपृष्ठ-जयिष्णु-प्रपदान्विता ॥ १८॥

नख-दीधिति-संछन्न-नमज्जन-तमोगुणा ।

पदद्वय-प्रभाजाल-पराकृत-सरोरुहा ॥ १९॥

सिञ्जान-मणिमञ्जीर-मण्डित-श्री-पदाम्बुजा ।

var.शिञ्जान

मराली-मन्दगमना महालावण्य-शेवधिः ॥ २०॥

सर्वारुणाऽनवद्याङ्गी सर्वाभरण-भूषिता ।

शिव-कामेश्वराङ्कस्था शिवा स्वाधीन-वल्लभा ॥ २१॥

सुमेरु-मध्य-शृङ्गस्था श्रीमन्नगर-नायिका ।

चिन्तामणि-गृहान्तस्था पञ्च-ब्रह्मासन-स्थिता ॥ २२॥

महापद्माटवी-संस्था कदम्बवन-वासिनी ।

सुधासागर-मध्यस्था कामाक्षी कामदायिनी ॥ २३॥

देवर्षि-गण-संघात-स्तूयमानात्म-वैभवा ।

भण्डासुर-वधोद्युक्त-शक्तिसेना-समन्विता ॥ २४॥

सम्पत्करी-समारूढ-सिन्धुर-व्रज-सेविता ।

अश्वारूढाधिष्ठिताश्व-कोटि-कोटिभिरावृता ॥ २५॥

चक्रराज-रथारूढ-सर्वायुध-परिष्कृता ।

गेयचक्र-रथारूढ-मन्त्रिणी-परिसेविता ॥ २६॥

किरिचक्र-रथारूढ-दण्डनाथा-पुरस्कृता ।

ज्वाला-मालिनिकाक्षिप्त-वह्निप्राकार-मध्यगा ॥ २७॥

भण्डसैन्य-वधोद्युक्त-शक्ति-विक्रम-हर्षिता ।

नित्या-पराक्रमाटोप-निरीक्षण-समुत्सुका ॥ २८॥

भण्डपुत्र-वधोद्युक्त-बाला-विक्रम-नन्दिता ।

मन्त्रिण्यम्बा-विरचित-विषङ्ग-वध-तोषिता ॥ २९॥

विशुक्र-प्राणहरण-वाराही-वीर्य-नन्दिता ।

कामेश्वर-मुखालोक-कल्पित-श्रीगणेश्वरा ॥ ३०॥

महागणेश-निर्भिन्न-विघ्नयन्त्र-प्रहर्षिता ।

भण्डासुरेन्द्र-निर्मुक्त-शस्त्र-प्रत्यस्त्र-वर्षिणी ॥ ३१॥

कराङ्गुलि-नखोत्पन्न-नारायण-दशाकृतिः ।

महा-पाशुपतास्त्राग्नि-निर्दग्धासुर-सैनिका ॥ ३२॥

कामेश्वरास्त्र-निर्दग्ध-सभण्डासुर-शून्यका ।

ब्रह्मोपेन्द्र-महेन्द्रादि-देव-संस्तुत-वैभवा ॥ ३३॥

हर-नेत्राग्नि-संदग्ध-काम-सञ्जीवनौषधिः ।

श्रीमद्वाग्भव-कूटैक-स्वरूप-मुख-पङ्कजा ॥ ३४॥

कण्ठाधः-कटि-पर्यन्त-मध्यकूट-स्वरूपिणी ।

शक्ति-कूटैकतापन्न-कट्यधोभाग-धारिणी ॥ ३५॥

मूल-मन्त्रात्मिका मूलकूटत्रय-कलेवरा ।

कुलामृतैक-रसिका कुलसंकेत-पालिनी ॥ ३६॥

कुलाङ्गना कुलान्तस्था कौलिनी कुलयोगिनी ।

अकुला समयान्तस्था समयाचार-तत्परा ॥ ३७॥

मूलाधारैक-निलया ब्रह्मग्रन्थि-विभेदिनी ।

मणि-पूरान्तरुदिता विष्णुग्रन्थि-विभेदिनी ॥ ३८॥

आज्ञा-चक्रान्तरालस्था रुद्रग्रन्थि-विभेदिनी ।

सहस्त्राराम्बुजारूढा सुधा-साराभिवर्षिणी ॥ ३९॥

तडिल्लता-समरुचिः षट्चक्रोपरि-संस्थिता ।

महासक्तिः कुण्डलिनी बिसतन्तु-तनीयसी ॥ ४०॥

भवानी भावनागम्या भवारण्य-कुठारिका ।

भद्रप्रिया भद्रमूर्तिर् भक्त-सौभाग्यदायिनी ॥ ४१॥

भक्तिप्रिया भक्तिगम्या भक्तिवश्या भयापहा ।

शाम्भवी शारदाराध्या शर्वाणी शर्मदायिनी ॥ ४२॥

शाङ्करी श्रीकरी साध्वी शरच्चन्द्र-निभानना ।

शातोदरी शान्तिमती निराधारा निरञ्जना ॥ ४३॥

निर्लेपा निर्मला नित्या निराकारा निराकुला ।

निर्गुणा निष्कला शान्ता निष्कामा निरुपप्लवा ॥ ४४॥

नित्यमुक्ता निर्विकारा निष्प्रपञ्चा निराश्रया ।

नित्यशुद्धा नित्यबुद्धा निरवद्या निरन्तरा ॥ ४५॥

निष्कारणा निष्कलङ्का निरुपाधिर् निरीश्वरा ।

नीरागा रागमथनी निर्मदा मदनाशिनी ॥ ४६॥

निश्चिन्ता निरहंकारा निर्मोहा मोहनाशिनी ।

निर्ममा ममताहन्त्री निष्पापा पापनाशिनी ॥ ४७॥
निष्क्रोधा क्रोधशमनी निर्लोभा लोभनाशिनी ।
निःसंशया संशयघ्नी निर्भवा भवनाशिनी ॥ ४८॥

var.निस्संशया

निर्विकल्पा निराबाधा निर्भेदा भेदनाशिनी ।
निर्नाशा मृत्युमथनी निष्क्रिया निष्परिग्रहा ॥ ४९॥
निस्तुला नीलचिकुरा निरपाया निरत्यया ।
दुर्लभा दुर्गमा दुर्गा दुःखहन्त्री सुखप्रदा ॥ ५०॥
दुष्टदूरा दुराचार-शमनी दोषवर्जिता ।
सर्वज्ञा सान्द्रकरुणा समानाधिक-वर्जिता ॥ ५१॥
सर्वशक्तिमयी सर्व-मङ्गला सद्गतिप्रदा ।
सर्वेश्वरी सर्वमयी सर्वमन्त्र-स्वरूपिणी ॥ ५२॥
सर्व-यन्त्रात्मिका सर्व-तन्त्ररूपा मनोन्मनी ।
माहेश्वरी महादेवी महालक्ष्मीर् मृडप्रिया ॥ ५३॥
महारूपा महापूज्या महापातक-नाशिनी ।
महामाया महासत्त्वा महाशक्तिर् महारतिः ॥ ५४॥
महाभोगा महैश्वर्या महावीर्या महाबला ।
महाबुद्धिर् महासिद्धिर् महायोगेश्वरेश्वरी ॥ ५५॥

महातन्त्रा महामन्त्रा महायन्त्रा महासना ।
महायाग-क्रमाराध्या महाभैरव-पूजिता ॥ ५६॥
महेश्वर-महाकल्प-महाताण्डव-साक्षिणी ।
महाकामेश-महिषी महात्रिपुर-सुन्दरी ॥ ५७॥
चतुःषष्ट्युपचाराढ्या चतुःषष्टिकलामयी ।
महाचतुः-षष्टिकोटि-योगिनी-गणसेविता ॥ ५८॥
मनुविद्या चन्द्रविद्या चन्द्रमण्डल-मध्यगा ।
चारुरूपा चारुहासा चारुचन्द्र-कलाधरा ॥ ५९॥
चराचर-जगन्नाथा चक्रराज-निकेतना ।
पार्वती पद्मनयना पद्मराग-समप्रभा ॥ ६०॥
पञ्च-प्रेतासनासीना पञ्चब्रह्म-स्वरूपिणी ।
चिन्मयी परमानन्दा विज्ञान-घनरूपिणी ॥ ६१॥
ध्यान-ध्यातृ-ध्येयरूपा धर्माधर्म-विवर्जिता ।
विश्वरूपा जागरिणी स्वपन्ती तैजसात्मिका ॥ ६२॥
सुप्ता प्राज्ञात्मिका तुर्या सर्वावस्था-विवर्जिता ।
सृष्टिकर्त्री ब्रह्मरूपा गोप्त्री गोविन्दरूपिणी ॥ ६३॥
संहारिणी रुद्ररूपा तिरोधान-करीश्वरी ।
सदाशिवाऽनुग्रहदा पञ्चकृत्य-परायणा ॥ ६४॥

भानुमण्डल-मध्यस्था भैरवी भगमालिनी ।
पद्मासना भगवती पद्मनाभ-सहोदरी ॥ ६५॥
उन्मेष-निमिषोत्पन्न-विपन्न-भुवनावली ।
सहस्त्र-शीर्षवदना सहस्त्राक्षी सहस्त्रपात् ॥ ६६॥
आब्रह्म-कीट-जननी वर्णाश्रम-विधायिनी ।
निजाज्ञारूप-निगमा पुण्यापुण्य-फलप्रदा ॥ ६७॥
श्रुति-सीमन्त-सिन्दूरी-कृत-पादाब्ज-धूलिका ।
सकलागम-सन्दोह-शुक्ति-सम्पुट-मौक्तिका ॥ ६८॥
पुरुषार्थप्रदा पूर्णा भोगिनी भुवनेश्वरी ।
अम्बिकाऽनादि-निधना हरिब्रह्मेन्द्र-सेविता ॥ ६९॥
नारायणी नादरूपा नामरूप-विवर्जिता ।
ह्रींकारी ह्रीमती हृद्या हेयोपादेय-वर्जिता ॥ ७०॥
राजराजार्चिता राज्ञी रम्या राजीवलोचना ।
रञ्जनी रमणी रस्या रणत्किङ्किणि-मेखला ॥ ७१॥
रमा राकेन्दुवदना रतिरूपा रतिप्रिया ।
रक्षाकरी राक्षसघ्नी रामा रमणलम्पटा ॥ ७२॥
काम्या कामकलारूपा कदम्ब-कुसुम-प्रिया ।
कल्याणी जगतीकन्दा करुणा-रस-सागरा ॥ ७३॥

कलावती कलालापा कान्ता कादम्बरीप्रिया ।

वरदा वामनयना वारुणी-मद-विह्वला ॥ ७४॥

विश्वाधिका वेदवेद्या विन्ध्याचल-निवासिनी ।

विधात्री वेदजननी विष्णुमाया विलासिनी ॥ ७५॥

क्षेत्रस्वरूपा क्षेत्रेशी क्षेत्र-क्षेत्रज्ञ-पालिनी ।

क्षयवृद्धि-विनिर्मुक्ता क्षेत्रपाल-समर्चिता ॥ ७६॥

विजया विमला वन्द्या वन्दारु-जन-वत्सला ।

वाग्वादिनी वामकेशी वह्निमण्डल-वासिनी ॥ ७७॥

भक्तिमत्-कल्पलतिका पशुपाश-विमोचिनी ।

संहृताशेष-पाषण्डा सदाचार-प्रवर्तिका ॥ ७८॥

var.पाखण्डा

तापत्रयाग्नि-सन्तप्त-समाह्लादन-चन्द्रिका ।

तरुणी तापसाराध्या तनुमध्या तमोऽपहा ॥ ७९॥

चितिस्तत्पद-लक्ष्यार्था चिदेकरस-रूपिणी ।

स्वात्मानन्द-लवीभूत-ब्रह्माद्यानन्द-सन्ततिः ॥ ८०॥

परा प्रत्यक्चितीरूपा पश्यन्ती परदेवता ।

मध्यमा वैखरीरूपा भक्त-मानस-हंसिका ॥ ८१॥

कामेश्वर-प्राणनाडी कृतज्ञा कामपूजिता ।

शृङ्गार-रस-सम्पूर्णा जया जालन्धर-स्थिता ॥ ८२॥
ओड्याणपीठ-निलया बिन्दु-मण्डलवासिनी ।
रहोयाग-क्रमाराध्या रहस्तर्पण-तर्पिता ॥ ८३॥
सद्यःप्रसादिनी विश्व-साक्षिणी साक्षिवर्जिता ।
षडङ्गदेवता-युक्ता षाड्गुण्य-परिपूरिता ॥ ८४॥
नित्यक्लिन्ना निरुपमा निर्वाण-सुख-दायिनी ।
नित्या-षोडशिका-रूपा श्रीकण्ठार्ध-शरीरिणी ॥ ८५॥
प्रभावती प्रभारूपा प्रसिद्धा परमेश्वरी ।
मूलप्रकृतिर् अव्यक्ता व्यक्ताव्यक्त-स्वरूपिणी ॥ ८६॥
व्यापिनी विविधाकारा विद्याविद्या-स्वरूपिणी ।
महाकामेश-नयन-कुमुदाह्लाद-कौमुदी ॥ ८७॥
भक्त-हार्द-तमोभेद-भानुमद्भानु-सन्ततिः ।
शिवदूती शिवाराध्या शिवमूर्तिः शिवङ्करी ॥ ८८॥
शिवप्रिया शिवपरा शिष्टेष्टा शिष्टपूजिता ।
अप्रमेया स्वप्रकाशा मनोवाचामगोचरा ॥ ८९॥
चिच्छक्तिश् चेतनारूपा जडशक्तिर् जडात्मिका ।
गायत्री व्याहृतिः सन्ध्या द्विजवृन्द-निषेविता ॥ ९०॥
तत्त्वासना तत्त्वमयी पञ्च-कोशान्तर-स्थिता ।

निःसीम-महिमा नित्य-यौवना मदशालिनी ॥ ९१॥

var.निस्सीम

मदघूर्णित-रक्ताक्षी मदपाटल-गण्डभूः ।
चन्दन-द्रव-दिग्धाङ्गी चाम्पेय-कुसुम-प्रिया ॥ ९२॥

कुशला कोमलाकारा कुरुकुल्ला कुलेश्वरी ।
कुलकुण्डालया कौल-मार्ग-तत्पर-सेविता ॥ ९३॥

कुमार-गणनाथाम्बा तुष्टिः पुष्टिर् मतिर् धृतिः ।
शान्तिः स्वस्तिमती कान्तिर् नन्दिनी विघ्ननाशिनी ॥ ९४॥

तेजोवती त्रिनयना लोलाक्षी-कामरूपिणी ।
मालिनी हंसिनी माता मलयाचल-वासिनी ॥ ९५॥

सुमुखी नलिनी सुभ्रूः शोभना सुरनायिका ।
कालकण्ठी कान्तिमती क्षोभिणी सूक्ष्मरूपिणी ॥ ९६॥

वज्रेश्वरी वामदेवी वयोऽवस्था-विवर्जिता ।
सिद्धेश्वरी सिद्धविद्या सिद्धमाता यशस्विनी ॥ ९७॥

विशुद्धिचक्र-निलयाऽऽरक्तवर्णा त्रिलोचना ।
खट्वाङ्गादि-प्रहरणा वदनैक-समन्विता ॥ ९८॥

पायसान्नप्रिया त्वक्स्था पशुलोक-भयङ्करी ।
अमृतादि-महाशक्ति-संवृता डाकिनीश्वरी ॥ ९९॥

अनाहताब्ज-निलया श्यामाभा वदनद्वया ।
दंष्ट्रोज्ज्वलाऽक्ष-मालादि-धरा रुधिरसंस्थिता ॥ १००॥
कालरात्र्यादि-शक्त्यौघ-वृता स्निग्धौदनप्रिया ।
महावीरेन्द्र-वरदा राकिण्यम्बा-स्वरूपिणी ॥ १०१॥
मणिपूराब्ज-निलया वदनत्रय-संयुता ।
वज्रादिकायुधोपेता डामर्यादिभिरावृता ॥ १०२॥
रक्तवर्णा मांसनिष्ठा गुडान्न-प्रीत-मानसा ।
समस्तभक्त-सुखदा लाकिन्यम्बा-स्वरूपिणी ॥ १०३॥
स्वाधिष्ठानाम्बुज-गता चतुर्वक्त्र-मनोहरा ।
शूलाद्यायुध-सम्पन्ना पीतवर्णाऽतिगर्विता ॥ १०४॥
मेदोनिष्ठा मधुप्रीता बन्धिन्यादि-समन्विता ।
दध्यन्नासक्त-हृदया काकिनी-रूप-धारिणी ॥ १०५॥
मूलाधाराम्बुजारूढा पञ्च-वक्त्राऽस्थि-संस्थिता ।
अङ्कुशादि-प्रहरणा वरदादि-निषेविता ॥ १०६॥
मुद्गौदनासक्त-चित्ता साकिन्यम्बा-स्वरूपिणी ।
आज्ञा-चक्राब्ज-निलया शुक्लवर्णा षडानना ॥ १०७॥
मज्जासंस्था हंसवती-मुख्य-शक्ति-समन्विता ।
हरिद्रान्नैक-रसिका हाकिनी-रूप-धारिणी ॥ १०८॥

सहस्रदल-पद्मस्था सर्व-वर्णोप-शोभिता ।

सर्वायुधधरा शुक्ल-संस्थिता सर्वतोमुखी ॥ १०९॥

सर्वौदन-प्रीतचित्ता याकिन्यम्बा-स्वरूपिणी ।

स्वाहा स्वधाऽमतिर् मेधा श्रुतिः स्मृतिर् अनुत्तमा ॥ ११०॥

पुण्यकीर्तिः पुण्यलभ्या पुण्यश्रवण-कीर्तना ।

पुलोमजार्चिता बन्ध-मोचनी बन्धुरालका ॥ १११॥

var. मोचनी बर्बरालका

विमर्शरूपिणी विद्या वियदादि-जगत्प्रसूः ।

सर्वव्याधि-प्रशमनी सर्वमृत्यु-निवारिणी ॥ ११२॥

अग्रगण्याऽचिन्त्यरूपा कलिकल्मष-नाशिनी ।

कात्यायनी कालहन्त्री कमलाक्ष-निषेविता ॥ ११३॥

ताम्बूल-पूरित-मुखी दाडिमी-कुसुम-प्रभा ।

मृगाक्षी मोहिनी मुख्या मृडानी मित्ररूपिणी ॥ ११४॥

नित्यतृप्ता भक्तनिधिर् नियन्त्री निखिलेश्वरी ।

मैत्र्यादि-वासनालभ्या महाप्रलय-साक्षिणी ॥ ११५॥

परा शक्तिः परा निष्ठा प्रज्ञानघन-रूपिणी ।

माध्वीपानालसा मत्ता मातृका-वर्ण-रूपिणी ॥ ११६॥

महाकैलास-निलया मृणाल-मृदु-दोर्लता ।

महनीया दयामूर्तिर् महासाम्राज्य-शालिनी ॥ ११७॥

आत्मविद्या महाविद्या श्रीविद्या कामसेविता ।

श्री-षोडशाक्षरी-विद्या त्रिकूटा कामकोटिका ॥ ११८॥

कटाक्ष-किङ्करी-भूत-कमला-कोटि-सेविता ।

शिरःस्थिता चन्द्रनिभा भालस्थेन्द्र-धनुःप्रभा ॥ ११९॥

हृदयस्था रविप्रख्या त्रिकोणान्तर-दीपिका ।

दाक्षायणी दैत्यहन्त्री दक्षयज्ञ-विनाशिनी ॥ १२०॥

दरान्दोलित-दीर्घाक्षी दर-हासोज्ज्वलन्-मुखी ।

गुरुमूर्तिर् गुणनिधिर् गोमाता गुहजन्मभूः ॥ १२१॥

देवेशी दण्डनीतिस्था दहराकाश-रूपिणी ।

प्रतिपन्मुख्य-राकान्त-तिथि-मण्डल-पूजिता ॥ १२२॥

कलात्मिका कलानाथा काव्यालाप-विनोदिनी ।

var. विमोदिनी

सचामर-रमा-वाणी-सव्य-दक्षिण-सेविता ॥ १२३॥

आदिशक्तिर् अमेयाऽऽत्मा परमा पावनाकृतिः ।

अनेककोटि-ब्रह्माण्ड-जननी दिव्यविग्रहा ॥ १२४॥

क्लींकारी केवला गुह्या कैवल्य-पददायिनी ।

त्रिपुरा त्रिजगद्वन्द्या त्रिमूर्तिस् त्रिदशेश्वरी ॥ १२५॥

त्र्यक्षरी दिव्य-गन्धाढ्या सिन्दूर-तिलकाञ्चिता ।
उमा शैलेन्द्रतनया गौरी गन्धर्व-सेविता ॥ १२६॥
विश्वगर्भा स्वर्णगर्भाऽवरदा वागधीश्वरी ।
ध्यानगम्याऽपरिच्छेद्या ज्ञानदा ज्ञानविग्रहा ॥ १२७॥
सर्ववेदान्त-संवेद्या सत्यानन्द-स्वरूपिणी ।
लोपामुद्रार्चिता लीला-कॢप्त-ब्रह्माण्ड-मण्डला ॥ १२८॥
अदृश्या दृश्यरहिता विज्ञात्री वेद्यवर्जिता ।
योगिनी योगदा योग्या योगानन्दा युगन्धरा ॥ १२९॥
इच्छाशक्ति-ज्ञानशक्ति-क्रियाशक्ति-स्वरूपिणी ।
सर्वाधारा सुप्रतिष्ठा सदसद्रूप-धारिणी ॥ १३०॥
अष्टमूर्तिर् अजाजैत्री लोकयात्रा-विधायिनी ।

var. अजाजेत्री

एकाकिनी भूमरूपा निर्द्वैता द्वैतवर्जिता ॥ १३१॥
अन्नदा वसुदा वृद्धा ब्रह्मात्मैक्य-स्वरूपिणी ।
बृहती ब्राह्मणी ब्राह्मी ब्रह्मानन्दा बलिप्रिया ॥ १३२॥
भाषारूपा बृहत्सेना भावाभाव-विवर्जिता ।
सुखाराध्या शुभकरी शोभना सुलभा गतिः ॥ १३३॥
राज-राजेश्वरी राज्य-दायिनी राज्य-वल्लभा ।

राजत्कृपा राजपीठ-निवेशित-निजाश्रिता ॥ १३४॥

राज्यलक्ष्मीः कोशनाथा चतुरङ्ग-बलेश्वरी ।

साम्राज्य-दायिनी सत्यसन्धा सागरमेखला ॥ १३५॥

दीक्षिता दैत्यशमनी सर्वलोक-वशङ्करी ।

सर्वार्थदात्री सावित्री सच्चिदानन्द-रूपिणी ॥ १३६॥

देश-कालापरिच्छिन्ना सर्वगा सर्वमोहिनी ।

सरस्वती शास्त्रमयी गुहाम्बा गुह्यरूपिणी ॥ १३७॥

सर्वोपाधि-विनिर्मुक्ता सदाशिव-पतिव्रता ।

सम्प्रदायेश्वरी साध्वी गुरुमण्डल-रूपिणी ॥ १३८॥

कुलोत्तीर्णा भगाराध्या माया मधुमती मही ।

गणाम्बा गुह्यकाराध्या कोमलाङ्गी गुरुप्रिया ॥ १३९॥

स्वतन्त्रा सर्वतन्त्रेशी दक्षिणामूर्ति-रूपिणी ।

सनकादि-समाराध्या शिवज्ञान-प्रदायिनी ॥ १४०॥

चित्कलाऽऽनन्द-कलिका प्रेमरूपा प्रियङ्करी ।

नामपारायण-प्रीता नन्दिविद्या नटेश्वरी ॥ १४१॥

मिथ्या-जगदधिष्ठाना मुक्तिदा मुक्तिरूपिणी ।

लास्यप्रिया लयकरी लज्जा रम्भादिवन्दिता ॥ १४२॥

भवदाव-सुधावृष्टिः पापारण्य-दवानला ।

दौर्भाग्य-तूलवातूला जराध्वान्त-रविप्रभा ॥ १४३॥

भाग्याब्धि-चन्द्रिका भक्त-चित्तकेकि-घनाघना ।

रोगपर्वत-दम्भोलिर् मृत्युदारु-कुठारिका ॥ १४४॥

महेश्वरी महाकाली महाग्रासा महाशना ।

अपर्णा चण्डिका चण्डमुण्डासुर-निषूदिनी ॥ १४५॥

क्षराक्षरात्मिका सर्व-लोकेशी विश्वधारिणी ।

त्रिवर्गदात्री सुभगा त्र्यम्बका त्रिगुणात्मिका ॥ १४६॥

स्वर्गापवर्गदा शुद्धा जपापुष्प-निभाकृतिः ।

ओजोवती द्युतिधरा यज्ञरूपा प्रियव्रता ॥ १४७॥

दुराराध्या दुराधर्षा पाटली-कुसुम-प्रिया ।

महती मेरुनिलया मन्दार-कुसुम-प्रिया ॥ १४८॥

वीराराध्या विराड्रूपा विरजा विश्वतोमुखी ।

प्रत्यग्रूपा पराकाशा प्राणदा प्राणरूपिणी ॥ १४९॥

मार्ताण्ड-भैरवाराध्या मन्त्रिणीन्यस्त-राज्यधूः ।

var. मार्तण्ड

त्रिपुरेशी जयत्सेना निस्त्रैगुण्या परापरा ॥ १५०॥

सत्य-ज्ञानानन्द-रूपा सामरस्य-परायणा ।

कपर्दिनी कलामाला कामधुक् कामरूपिणी ॥ १५१॥

कलानिधिः काव्यकला रसज्ञा रसशेवधिः ।

पुष्टा पुरातना पूज्या पुष्करा पुष्करेक्षणा ॥ १५२॥

परंज्योतिः परंधाम परमाणुः परात्परा ।

पाशहस्ता पाशहन्त्री परमन्त्र-विभेदिनी ॥ १५३॥

मूर्ताऽमूर्ताऽनित्यतृप्ता मुनिमानस-हंसिका ।

सत्यव्रता सत्यरूपा सर्वान्तर्यामिनी सती ॥ १५४॥

ब्रह्माणी ब्रह्मजननी बहुरूपा बुधार्चिता ।

प्रसवित्री प्रचण्डाऽऽज्ञा प्रतिष्ठा प्रकटाकृतिः ॥ १५५॥

प्राणेश्वरी प्राणदात्री पञ्चाशत्पीठ-रूपिणी ।

विशृङ्खला विविक्तस्था वीरमाता वियत्प्रसूः ॥ १५६॥

मुकुन्दा मुक्तिनिलया मूलविग्रह-रूपिणी ।

भावज्ञा भवरोगघ्नी भवचक्र-प्रवर्तिनी ॥ १५७॥

छन्दःसारा शास्त्रसारा मन्त्रसारा तलोदरी ।

उदारकीर्तिर् उद्दामवैभवा वर्णरूपिणी ॥ १५८॥

जन्ममृत्यु-जरातप्त-जनविश्रान्ति-दायिनी ।

सर्वोपनिष-दुद्-घुष्टा शान्त्यतीत-कलात्मिका ॥ १५९॥

गम्भीरा गगनान्तस्था गर्विता गानलोलुपा ।

कल्पना-रहिता काष्ठाऽकान्ता कान्तार्ध-विग्रहा ॥ १६०॥

कार्यकारण-निर्मुक्ता कामकेलि-तरङ्गिता ।
कनत्कनकता-टङ्का लीला-विग्रह-धारिणी ॥ १६१॥
अजा क्षयविनिर्मुक्ता मुग्धा क्षिप्र-प्रसादिनी ।
अन्तर्मुख-समाराध्या बहिर्मुख-सुदुर्लभा ॥ १६२॥
त्रयी त्रिवर्गनिलया त्रिस्था त्रिपुरमालिनी ।
निरामया निरालम्बा स्वात्मारामा सुधासृतिः ॥ १६३॥
var. सुधास्रुतिः
संसारपङ्क-निर्मग्न-समुद्धरण-पण्डिता ।
यज्ञप्रिया यज्ञकर्त्री यजमान-स्वरूपिणी ॥ १६४॥
धर्माधारा धनाध्यक्षा धनधान्य-विवर्धिनी ।
विप्रप्रिया विप्ररूपा विश्वभ्रमण-कारिणी ॥ १६५॥
विश्वग्रासा विद्रुमाभा वैष्णवी विष्णुरूपिणी ।
अयोनिर् योनिनिलया कूटस्था कुलरूपिणी ॥ १६६॥
वीरगोष्ठीप्रिया वीरा नैष्कर्म्या नादरूपिणी ।
विज्ञानकलना कल्या विदग्धा बैन्दवासना ॥ १६७॥
तत्त्वाधिका तत्त्वमयी तत्त्वमर्थ-स्वरूपिणी ।
सामगानप्रिया सौम्या सदाशिव-कुटुम्बिनी ॥ १६८॥
var. सोम्या

सव्यापसव्य-मार्गस्था सर्वापद्विनिवारिणी ।
स्वस्था स्वभावमधुरा धीरा धीरसमर्चिता ॥ १६९॥

चैतन्यार्घ्य-समाराध्या चैतन्य-कुसुमप्रिया ।
सदोदिता सदातुष्टा तरुणादित्य-पाटला ॥ १७०॥

दक्षिणा-दक्षिणाराध्या दरस्मेर-मुखाम्बुजा ।
कौलिनी-केवलाऽनर्घ्य-कैवल्य-पददायिनी ॥ १७१॥

स्तोत्रप्रिया स्तुतिमती श्रुति-संस्तुत-वैभवा ।
मनस्विनी मानवती महेशी मङ्गलाकृतिः ॥ १७२॥

विश्वमाता जगद्धात्री विशालाक्षी विरागिणी ।
प्रगल्भा परमोदारा परामोदा मनोमयी ॥ १७३॥

व्योमकेशी विमानस्था वज्रिणी वामकेश्वरी ।
पञ्चयज्ञ-प्रिया पञ्च-प्रेत-मञ्चाधिशायिनी ॥ १७४॥

पञ्चमी पञ्चभूतेशी पञ्च-संख्योपचारिणी ।
शाश्वती शाश्वतैश्वर्या शर्मदा शम्भुमोहिनी ॥ १७५॥

धराधरसुता धन्या धर्मिणी धर्मवर्धिनी ।
लोकातीता गुणातीता सर्वातीता शमात्मिका ॥ १७६॥

बन्धूक-कुसुमप्रख्या बाला लीलाविनोदिनी ।
सुमङ्गली सुखकरी सुवेषाढ्या सुवासिनी ॥ १७७॥

सुवासिन्यर्चन-प्रीताऽऽशोभना शुद्धमानसा ।
बिन्दु-तर्पण-सन्तुष्टा पूर्वजा त्रिपुराम्बिका ॥ १७८॥
दशमुद्रा-समाराध्या त्रिपुराश्री-वशङ्करी ।
ज्ञानमुद्रा ज्ञानगम्या ज्ञानज्ञेय-स्वरूपिणी ॥ १७९॥
योनिमुद्रा त्रिखण्डेशी त्रिगुणाम्बा त्रिकोणगा ।
अनघाऽद्भुत-चारित्रा वाञ्छितार्थ-प्रदायिनी ॥ १८०॥
अभ्यासातिशय-ज्ञाता षडध्वातीत-रूपिणी ।
अव्याज-करुणा-मूर्तिर् अज्ञान-ध्वान्त-दीपिका ॥ १८१॥
आबाल-गोप-विदिता सर्वानुल्लङ्घ्य-शासना ।
श्रीचक्रराज-निलया श्रीमत्-त्रिपुरसुन्दरी ॥ १८२॥
श्रीशिवा शिव-शक्त्यैक्य-रूपिणी ललिताम्बिका ।
एवं श्रीललिता देव्या नाम्नां साहस्रकं जगुः ॥

॥ इति श्रीब्रह्माण्डपुराणे उत्तरखण्डे श्रीहयग्रीवागस्त्यसंवादे

श्रीललिता सहस्रनाम स्तोत्र कथनं सम्पूर्णम् ॥

॥ ललिता अष्टोत्तर शतनामावली ॥

१। ॐ रजताचल-शृङ्गाग्र-मध्यस्थायै नमः।

२। ॐ हिमाचल महावंश पावनायै नमः।

३। ॐ शङ्कराधाङ्ग सौन्दर्य शरीirayै नमः।

४। ॐ लसन्मारकत-स्वच्छ-विग्रहायै नमः।

५। ॐ महातिशय-सौन्दर्य-लावण्यायै नमः।

६। ॐ शशांक-शेखर-प्राणवल्लभायै नमः।

७। ॐ सदा पञ्चदशात्मैक्य स्वरूपायै नमः।

८। ॐ वज्र-माणिक्य-कटक-किरीटायै नमः।

९। ॐ कस्तूरी तिलकोल्लास नितिलायै नमः।

१०। ॐ भस्म रेखांकित लसन्मस्तकायै नमः।

११। ॐ विकचाम्भोरुह दल लोचनायै नमः।

१२। ॐ सरच्चम्पेय पुष्पाभ नासिकायै नमः।

१३। ॐ लसत्कांचन ताटङ्क युगलायै नमः।

१४। ॐ मणि-दर्पण संकास कपोलायै नमः।

१५। ॐ ताम्बूल-पुरित स्मेर-वदनायै नमः।

१६। ॐ सुपक्व दाडिमबीज वदनायै नमः।

१७। ॐ कंम्पुग समच्छाय कन्धरायै नमः।

१८। ॐ स्थूल-मुक्ताफलोधर शुभरायै नमः।

१९। ॐ गिरीशबद्ध-मङ्गल्य-मङ्गलायै नमः।

२०। ॐ पद्म-पासाङ्कुश-लसत्कराभ्यायै नमः।

२१। ॐ पद्मकैरव-मन्दार-सुमालिन्यै नमः।

२२। ॐ सुवर्ण-कुम्भ-युग्माभ-सुकुचान्यै नमः।

२३। ॐ रमणीय-चतुर्भुज-संयुक्तायै नमः।

२४। ॐ कणकाङ्गद-केयूर-भूषितायै नमः।

२५। ॐ बृहत्सौवर्ण-सौन्दर्य-वसनायै नमः।

२६। ॐ बृहन्नितम्ब-विलासज्ञ-घनायै नमः।

२७। ॐ सौभाग्यजात-शृङ्गार-मध्यमायै नमः।

२८। ॐ दिव्य-भूषण-सन्दोह-रञ्जितायै नमः।

२९। ॐ पारिजात-गुणाधिक्य-पदाब्जायै नमः।

३०। ॐ सूपद्मराग-संकास-चरणायै नमः।

३१। ॐ कामकोटि-महापद्म-पीठस्थायै नमः।

३२। ॐ श्रीकान्त-नेत्र-कुमुद-चन्द्रिकायै नमः।

३३। ॐ सचामर-रमा-वाणी-वीजितायै नमः।

३४। ॐ भक्तरक्षिणि-दाक्षिण्य-कटाक्षायै नमः।

३५। ॐ भूतश-लिङ्ग-नोद्भूत-पुलकाङ्ग्यै नमः।

३६। ॐ अनंगजनका-पाङ्ग-वीक्षणायै नमः।

३७। ॐ ब्रह्मेन्द्र-मौलि-रत्न-रञ्जितायै नमः।

३८। ॐ सचीमुख्य-मरवधु-सेवितायै नमः।

३९। ॐ लीलाकल्पित-ब्रह्माण्ड-मण्डलायै नमः।

४०। ॐ अमृतादि-महाशक्तिसंवृत्तायै नमः।

४१। ॐ एकतपत्र-साम्राज्य-दायिकायै नमः।

४२। ॐ सनकादि-समाराध्य-पादुकायै नमः।

४३। ॐ देवर्षिः-स्तुयमान-वैभवायै नमः।

४४। ॐ काल्सोद्भव- दुर्वासा-पूजितायै नमः।

४५। ॐ मत्तेभवक्त्र-षड्वक्त्र-वात्सल्या नमः।

४६। ॐ चक्रराज-महायंत्र-मध्यवर्त्यै नमः।

४७। ॐ चिदग्निकुण्ड-सम्भूत-सुदेहायै नमः।

४८। ॐ शशाङ्ख-खण्ड-सम्युक्त-मकुटायै नमः।

४९। ॐ मत्त-हंस-वधु-मण्ड-गमनायै नमः।

५०। ॐ वन्दारु-जन-सन्दोह-वन्दितायै नमः।

५१। ॐ अन्तरमुख-जनानन्द-सम्युक्तायै नमः।

५२। ॐ पतिव्रता-अङ्गना-अभिष्ट-फलदायै नमः।

५३। ॐ अव्याज-करुणापूर-पूरितायै नमः।

५४। ॐ नितान्त-सच्चिदानन्द-सम्युक्तायै नमः।

५५। ॐ सहस्त्रसूर्य-सम्युक्त-प्रकाशायै नमः।

५६। ॐ रत्न-चिन्तामणि-गृह-मध्यस्थायै नमः।

५७। ॐ हानिवृद्धि-गुणाधिक्य-रहितायै नमः।

५८। ॐ महापद्म-तवी-मद्य-निवासायै नमः।

५९। ॐ जाग्रत-स्वप्न-सुषुप्ति-नाम-साक्षिभूतायै नमः।

६०। ॐ महापापौघ-पापनां-विनाशिन्यै नमः।

६१। ॐ दुष्टभीति-महाभीति-भञ्जनायै नमः।

६२। ॐ समस्त-देव-दानुज-प्रेरकायै नमः।

६३। ॐ समस्त-हृदयं भो-जन-निलयायै नमः।

६४। ॐ अनाहत-महापद्म-मन्दिरायै नमः।

६५। ॐ सहस्त्रार-सरोजस्थ-वासितायै नमः।

६६। ॐ पुनरावृत्तिहीन-पुरस्थायै नमः।

६७। ॐ वाणी-गायत्री-सावित्री-सन्नुतायै नमः।

६८। ॐ रमा-भूमिसुता-राध्या-पादाब्जायै नमः।

६९। ॐ लोपामुद्रार्चिता-श्रीमच्चरणायै नमः।

७०। ॐ सहस्त्राररति-सौन्दर्य-शरीरायै नमः।

७१। ॐ भावनामात्र-सन्तुष्ट-हृदयायै नमः।

७२। ॐ सत्य-सम्पूर्ण-विज्ञान-सिद्धिदायै नमः।

७३। ॐ त्रिलोचन-कृतोल्लास-फलदायै नमः।

७४। ॐ श्रीसुधाब्धि-मणिद्वीप-मध्यगायै नमः।

७५। ॐ दक्षद्वार-विनिर्भेद-साधनायै नमः।

७६। ॐ श्रीनाथ-सोदरी-भूत-शोभितायै नमः।

७७। ॐ चन्द्रशेखर-भक्तार्ति-भञ्जनायै नमः।

७८। ॐ सर्वोपाधि-विनिर्मुक्त-चैतन्यायै नमः।

७९। ॐ नामपरायणाभिष्ट-फलदायै नमः।

८०। ॐ सृष्टि-स्थिति-तिरोधन-संकल्पायै नमः।

८१। ॐ श्रीषोडशाक्षरी-मंत्र-मध्यगायै नमः।

८२। ॐ अनाद्यन्त-स्वयम्भूत-दिव्यमूर्त्यै नमः।

८३। ॐ भक्त-हंस-प्रीमुख्य-वियोगायै नमः।

८४। ॐ मातृमण्डल-सम्युक्त-ललितायै नमः।

८५। ॐ भण्ड-दैत्य-महासत्त्व-नाशिन्यै नमः।

८६। ॐ क्रूर-भण्ड-शिरच्छेद-निपुणायै नमः।

८७। ॐ दाताच्र्युत-सुराधीश-सुखदायै नमः।

८८। ॐ चण्ड-मुण्ड-निशुम्भादि-खण्डनायै नमः।

८९। ॐ रक्ताक्ष-रक्तजिह्वादि-शिक्षिण्यै नमः।

९०। ॐ महिषासुर-दुर्बीर्य-निग्रहायै नमः।

९१। ॐ अभ्रकेश-महोत्साह-कारकायै नमः।

९२। ॐ महेश-युक्त-नटन-तत्परायै नमः।

९३। ॐ निज-भार्तृ-मुखाम्भोज-चिन्तनायै नमः।

९४। ॐ वृषभध्वज-विज्ञान-भवनायै नमः।

९५। ॐ जन्म-मृत्यु-जरा-रोग-भञ्जनायै नमः।

९६। ॐ विदेहमुक्ति-विज्ञान-सिद्धिदायै नमः।

९७। ॐ काम-क्रोधादि-षड्वर्ग-नाशिन्यै नमः।

९८। ॐ राजराजार्चित-पद-सदोजायै नमः।

९९। ॐ सर्ववेदान्त-संशिद्ध-सुतत्त्वायै नमः।

१००। ॐ वीरभक्त-विज्ञान-निधानायै नमः।

१०१। ॐ अशेष-दुष्ट-दानुज-सूदनायै नमः।

१०२। ॐ साक्षात्‌ श्रीदक्षिणामूर्ति-मनोग्नायै नमः।

१०३। ॐ हयमेधाग्र-सम्पूज्य-महिमायै नमः।

१०४। ॐ दक्ष-प्रजापति-सुता-वेध्यायै नमः।

१०५। ॐ सुमबनेक्शु-कोदण्ड-मण्डितायै नमः।

१०६। ॐ नित्य-यौवन-माङ्गल्य-मङ्गलायै नमः।

१०७। ॐ महादेव-समायुक्त-शरीरायै नमः।

१०८। ॐ महादेव-रतिउत्सुक्य-महादेव्या नमः।

॥ ललिता अष्टोत्तर शतनामावली सम्पूर्ण ॥

9 789355 929198

Printed at Repro India Ltd.